AF360334

1880   ERS DU SOCIALISTE. — N° 8

EMMANUEL LÉVY

CAPITAL ET TRAVAIL

Prix : **15** centimes

En Dépot

A LA LIBRAIRIE DU PARTI SOCIALISTE

16, Rue de la Corderie, 16

PARIS

1909

Les Annales de la Régie Directe

REVUE INTERNATIONALE

PARAISSANT TOUS LES DEUX MOIS

Directeur : **Edgard MILHAUD**

Abonnement pour tous pays :

Six mois. . . **5 fr.** | Un an. . . . **10 fr.**

DIRECTION ET RÉDACTION :

8, Rue Saint-Victor, GENÈVE

ADMINISTRATION :

2, Rue Dubois-Melly, GENÈVE

La Revue Syndicaliste

et Coopérative

Parait le 15 de chaque mois

*Renseignements, Statistiques, Études
sur le Mouvement syndical international.*

LE NUMÉRO : 15 CENTIMES

Un an : **3** *fr.* **25** — *Six mois :* **1** *fr.* **75**

Adresser les demandes de spécimens et les abonnements à la Librairie **Marcel RIVIÈRE**, 31, rue Jacob, Paris.

Pour la rédaction, s'adresser au Camarade **Albert THOMAS,** à Champigny-sur-Marne (Seine).

LES CAHIERS DU SOCIALISTE. — N° 8

EMMANUEL LÉVY

CAPITAL ET TRAVAIL

Prix : **15** centimes

En Dépôt

A LA LIBRAIRIE DU PARTI SOCIALISTE

16, Rue de la Corderie, 16

PARIS

—

1909

CAPITAL ET TRAVAIL

Cette brochure (1) contient la substance de confé-rences faites à Lyon, surtout aux officiers, à la Faculté de Droit (1907), et aux ouvriers, à la Bourse du Travail (1908). Le lecteur attentif saura en dégager la vie. Voici le thème extérieur: montrer, par un langage juridique qui ne devance pas, qui ne retarde pas, qui ne ment pas, qui définit, que l'émancipation des producteurs est la conséquence naturelle, dans l'économie d'aujourd'hui, d'une part du développement du capital et de l'Etat, d'autre part de la volonté, de la discipline ouvrières.

I

Les Droits capitalistes

Propriété, Possession, État

La propriété est le droit perpétuel à la possession d'une chose.

La propriété s'acquiert par des actes d'occupation, pour les biens sans maître, et, pour les autres, — c'est-à-dire pour tous les fonds dans un pays comme la France où la terre est appropriée. — par des actes de transmission (succession, vente, donation, etc.).

Le travail n'est pas, par lui seul, un mode juridique

---

(1) Elle sera reproduite avec des notes complémentaires dans la Revue: *Questions pratiques de législation ouvrière et d'économie sociale* (juin-août 1909), sous le titre: *Le droit repose sur des croyances.*

d'acquérir la propriété (1) au profit de ceux qui travaillent (2).

Le seul mode pratique d'acquérir la propriété est la transmission. Qu'est-ce que la transmission ?

Si je veux prouver que je suis propriétaire d'un immeuble, je suis censé prouver que je l'ai acquis d'un propriétaire. Mais celui qui possédait avant moi n'était propriétaire que s'il avait lui-même acquis d'un propriétaire, et ainsi de suite jusqu'à la première occupation ou concession, jusqu'à une origine hypothétique, symbolique.

La procédure a créé d'autres preuves; devant les tribunaux, on ne démontre pas qu'on a acquis d'un propriétaire qui a acquis, etc., on prouve que soi-même ou les possesseurs dont on tient ont possédé l'immeuble le temps nécessaire pour prescrire; la propriété des immeubles se prouve par la prescription, par la possession prolongée.

Cette prescription est de trente ans si on n'a pas de titre. Elle est de dix à vingt ans si on a un titre et qu'on ait acquis de bonne foi.

Le titre est l'acte qui a pour but de transférer la propriété (vente, donation, adjudication, etc.).

La bonne foi est l'état d'esprit de celui qui croit avoir acquis d'un propriétaire.

Ainsi la propriété des immeubles se prouve, soit:

1° Par l'occupation pendant trente ans;

2° Par une occupation plus courte si on croit qu'on a acquis.

Elle repose, ou sur l'usurpation, ou sur l'usurpation fortifiée par la croyance.

Cette croyance, le propriétaire ne peut pas la prouver; on croit qu'il l'a, on croit à sa croyance, on croit en son droit.

D'autre part, celui qui simplement possède un immeuble a, dans notre législation, un droit qui est protégé par une action en justice qu'on appelle action

---

(1) Notre Code en parle cependant dans des textes copiés sur le droit romain (art. 570 et suivants). Mais ces textes n'ont aucune importance pratique.

(2) V. plus bas, p. 13.

possessoire; il a la possession juridique, laquelle est le droit de faire des actes de propriétaire, d'exercer la propriété, laquelle est donc elle-même une propriété (1); cette propriété disparaît en face de celle qui se prouve par la prescription, par la possession prolongée; mais, en attendant, elle existe. En fait l'action possessoire (de la compétence du juge de paix) n'est qu'une protection plus facile, moins coûteuse de la propriété (2) que la revendication (action de propriété de la compétence du tribunal civil).

Notre jurisprudence admet aussi que celui qui croit avoir acquis (qui a juste titre et bonne foi) mais qui ne peut pas prouver qu'il a acquis de quelqu'un qui a prescrit, a l'action en revendication, c'est-à-dire est propriétaire, contre tous ceux qui ne possédaient pas avant son acquisition ou qui n'ont pas eux-mêmes prescrit.

Ainsi la propriété des immeubles:

1° Est susceptible de plus ou de moins: on peut être propriétaire à l'égard de certains et ne pas l'être à l'égard d'autres;

2° S'acquiert par la transmission. Mais la transmission n'est qu'une occupation ou concession. L'acte s'analyse ainsi : le propriétaire antérieur cède son droit, c'est-à-dire y renonce, abdique; le nouveau propriétaire acquiert, c'est-à-dire qu'il exerce son propre droit, son activité, sa liberté. Les choses se transmettent, les droits ne se transmettent pas. *Il n'y a pas de droits transmis, il n'y a que des droits acquis* (3).

Pour la propriété des meubles, le mécanisme est le même: mais dans notre législation, il n'y a, quant aux

---

(1) *Preuve par titre du droit de propriété immobilière* (Hesse. Paris 1896, tirage à part sous le titre : « Sur l'idée de transmission de droits », p. 134. — Sur le caractère de la prescription acquisitive de propriété, v. p. 133.

(2) Ihering. *Fondement de la protection possessoire*, 1865, et Saleilles. *Eléments constitutifs de la possession*, 1894; *La possession des meubles*, 1907.

(3) *Preuve par titre*, p. 101.

meubles, ni action possessoire ni, en principe. prescription.

En fait de meubles, possession de bonne foi vaut titre; la croyance fait tout de suite du possesseur un propriétaire (1).

J'achète un objet chez un marchand; ce marchand n'en était que dépositaire; je ne le savais pas, on ne peut pas prouver que je le savais; je deviens propriétaire. Le marchand avait volé; je ne suis pas propriétaire de l'objet, mais le propriétaire antérieur, s'il veut le reprendre, doit m'en rembourser le prix (2).

Bien entendu, la possession n'a pas à être protégée tant qu'elle n'est pas attaquée; c'est lorsqu'elle est troublée, perdue, que le propriétaire fait appel à la loi. Il a particulièrement le sentiment de son droit quand la chose sur laquelle porte ce droit est détruite: alors il réclame des dommages-intérêts, de l'argent. Le sentiment du droit, le droit, naît de sa violation: il est une survie par rapport au fait, par rapport à la possession.

---

(1) *Preuve par titre.* p. 194 et 129.

(2) V. *Preuve par titre.* Il s'agissait de justifier une jurisprudence protectrice de la propriété, qui admet que quelqu'un qui a acquis un immeuble avec juste titre et bonne foi en est propriétaire à l'égard d'un possesseur plus récent. On objectait deux principes de bon sens. Premier principe : On ne peut transférer plus de droits qu'on n'en a (*nemo plus juris ad alium tranferre potest quam ipse habet*). Deuxième principe : Un acte juridique ne peut pas nuire à un tiers (*res inter alios acta aliisnocere non potest*). Je répondais: 1° En fait on acquiert par des actes de transmission des droits qui ne nous sont pas transmis (voir au texte. cf. p. 17) ; 2° Un acte peut nuire à un tiers ; ce qui est vrai, c'est qu'il ne peut pas lui enlever un droit. Et le premier principe ne signifie pas autre chose: il signifie qu'un acte d'aliénation ne peut pas priver un tiers de son droit; le premier principe se confond donc avec le second; et la question est de savoir quand le tiers a un droit acquis; or le second principe ne le dit pas. La jurisprudence décide, conformément à une tradition ancienne, que le possesseur plus récent n'a pas un droit acquis par rapport à l'acquéreur (le propriétaire plus ancien d'un meuble n'a même pas un droit acquis par rapport au possesseur de bonne foi). Il reste seulement ceci : *il y a des droits acquis. Quand ? Quand il y a droit acquis.*

Ainsi le droit participe de la religion :

1° Par les croyances sociales sur quoi il repose. Ces croyances s'élaborent sur des actes individuels; ces actes sont des actes rituels plus ou moins rigides. Pour donner un immeuble, on dressera un acte notarié; pour donner un meuble, il faudra, à défaut d'autres formalités, le remettre; pour vendre, on fera un écrit, il y aura des témoins, quelque chose d'extérieur, de visible et que la loi impose;

2° Par l'action en justice qui survit à son objet.

Cette action en justice suppose une puissance supérieure, une Providence, un Dieu, l'Etat.

L'Etat protège les propriétaires contre les propriétaires voisins qui veulent empiéter sur leurs domaines; il protège aussi les propriétaires contre ceux qui ne le sont pas et qui veulent le devenir sans l'emploi des formes prescrites. L'Etat ne fait pas que protéger les possessions contre des attaques illégales; son intervention est indispensable, dans le régime de propriété, pour assurer l'existence de rapports économiques entre les hommes.

Soit deux domaines: le premier est séparé de la route par le second; il faut une servitude de passage, servitude établie normalement par la loi ou par le contrat. Si le propriétaire du second domaine ne veut pas laisser passer, malgré la loi, malgré le contrat, il y aura intervention du juge, de l'huissier, des agents de la force publique. La justice, la violence sociale assurent, dans le régime de la propriété individuelle, dans le régime du droit individuel, le respect des lois, des contrats. L'Etat est l'expression de cette justice, de cette violence.

Il y a acte d'Etat quand il y a droit de saisir les biens pour l'exécution des lois, des contrats, pour le paiement des impôts, quand il y a droit de prendre, d'emprisonner, de tuer, de faire la guerre....

L'établissement de relations abstraites entre les hommes, relations qualifiées justes, conformes au bien social, relations considérées comme indépendantes de tout sentiment individuel, relations que garantit officiellement la violence ou la crainte de la violence, tel est le caractère spécifique de l'Etat. Il y a d'autres formes de contrainte que la violence; toutes les ma-

nifestations du besoin de vivre sont des contraintes;
mais, là où existe comme sanction légitime la violence, il y a Etat.

L'Etat est essentiellement un rapport dans lequel
des hommes ont le droit de faire des actes de violence.

Ce que nous décrivons ici, c'est le droit individualiste, c'est-à-dire le régime dans lequel les hommes
sont sans influence sur les droits des autres. Même
lorsque la loi ordonne, même lorsque le contrat oblige,
je ne peux obtenir exécution contre mon débiteur, s'il
ne veut pas exécuter, que par l'intermédiaire de l'Etat;
je n'ai pas le droit de justice.

Responsabilité

L'Etat me refuse son appui si je veux priver de son
droit quelqu'un qui n'est pas mon débiteur par l'effet
de la loi ou du contrat. Pourtant je peux nuire aux
autres. Mais il y a une limite. Quelle limite ?

Les jurisconsultes disent : il y a délit, qui rend responsable, qui oblige à réparation : 1° si j'agis sans
droit; 2° si je porte atteinte au droit d'autrui; 3° si
je commets une faute (ou un dol). Formules claires,
mais vides, et auxquelles seules les pratiques donnent
un sens. Formules qui semblent se compléter, mais
qui répètent trois fois la même chose: agir sans
droit (1), c'est porter atteinte au droit d'autrui; com-
mettre une faute, c'est manquer à une obligation qui
est celle de ne pas porter atteinte au droit d'autrui.
Quand y a-t-il atteinte au droit d'autrui ? Réponse :
Quand il y a préjudice injuste. Quand y a-t-il préjudice injuste ? Quand on subit un préjudice auquel on
ne devait pas s'attendre, étant donné les habitudes
du milieu, quand il y a confiance légitime trompée.
Quand y a-t-il confiance légitime trompée ? Réponse :
Quand le juge le croit, le dit. On est responsable quand
on est responsable. On est responsable quand on est

____

(1) Agir sans droit, en d'autres termes : abuser de son
droit, droit défini (comme la propriété) ou non défini (la
liberté . V. « Responsabilité et contrat », _Revue critique de
législation et de jurisprudence_, juin 1899.

condamné. On est responsable quand on doit payer.
Ainsi l'idée de justice, l'idée d'Etat s'oppose à l'Etat;
et c'est à travers son principe que son jugement apparaît comme arbitraire.

Je sais maintenant où est la limite entre mon droit
et le droit d'autrui, entre le juste et l'injuste; elle est
où le dit l'Etat.

En résumé, dans le régime de propriété:

1° Les droits sont acquis comme individuels et
perpétuels;

2° Ils reposent sur les croyances des possédants, ou
plutôt sur la croyance de l'Etat, qui est l'expression
des croyances que la violence peut sanctionner.

Seul l'Etat assure ou enlève aux individus leurs
droits. Seul il peut exproprier (sauf une révolution
dont la violence victorieuse crée un autre Etat). C'est
la loi qui donne, c'est la loi qui ôte (1), la loi,
c'est-à-dire la volonté de l'Etat (législateurs, administrateurs, juges).

II

Les Valeurs capitalistes

Voilà les principes du régime de propriété, du régime d'Etat.

Autre régime, autres principes.

1° Aux droits individuels et perpétuels se substituent des droits collectifs et temporaires;

2° Aux croyances de l'Etat les croyances de tous
sanctionnées par l'Etat ou sans l'Etat.

Cela est la conséquence d'une transformation économique qui met à la place de la possession la valeur
et de la propriété le travail.

---

(1) Telle est la conclusion pratique de Lassalle : *Théorie
systématique des droits acquis* (traduction française, avec
préface de Charles Andler).

La vie commerciale et industrielle remplace la notion de possession par la notion de valeur. On n'y considère pas les biens en eux-mêmes et pour la jouissance qu'ils donnent, on les considère au point de vue des bénéfices qu'ils procurent. Les choses n'y sont pas ce qu'elles sont, mais ce qu'elles valent.

Et si les hommes sont sans influence les uns sur les autres en dehors du rapport d'Etat au point de vue de la possession, ils ont influence les uns sur les autres au point de vue de la valeur. Selon les fluctuations de la production et de la consommation, selon les désirs qui font créer, vendre, acheter, les valeurs montent ou descendent. Et voici que les influences qui sont dans la vie physique et morale pénètrent la vie économique.

Ce domaine de la valeur ne comprend pas seulement ce qui est susceptible de possession et qui par soi-même procure une jouissance. Ainsi la valeur se manifeste sous forme de monnaie métallique et même de papier, billets de banque, lettres de change, titres, actions, obligations de sociétés, etc., monnaie qui n'est pour ainsi dire rien comme objet d'usage, papier qui n'est que du papier, mais argent, mais papier qui ont une valeur, qui sont des valeurs. Valeurs qui reposent sur quoi ? Je sais par la cote de la Bourse que telle action vaut tant; valeur qui repose sur l'opinion qu'on s'en fait, opinion pure de tout désir de possession. Ce n'est pas une chose que je veux, je veux une valeur, un chiffre, et le titre vaut ce qu'on croit qu'il vaut; croyance fondée ou non fondée: le débiteur est solvable, l'entreprise est bonne, ou les spéculateurs sont habiles, ou il y a des deux. Ici la croyance crée l'objet même de son droit et les croyances des uns ont influence sur l'objet du droit de tous (1).

La valeur ne constitue jamais un droit acquis. Je garde mon action, je détache le coupon; toucherai-je des dividendes, et quels ? Cela dépend de tous les phé-

______

(1) « Le contrat collectif à la Bourse et à l'usine ». (Voir *Revue Socialiste*, juillet 1906). Relire, dans les *Etudes socialistes* de Jaurès, tout le chapitre : « La propriété individuelle et les Sociétés de commerce », p. 143 et sq.

nomènes qui font ou défont une entreprise; direction, administration, production, débouchés, confiance et chance.

Ce droit, lorsqu'il est indépendant de toute possession, ce n'est plus la propriété, c'est la créance, le droit à des valeurs (1), le droit que crée la croyance.

Il a les caractères suivants:

1° Il dépend dans sa réalisation, dans sa transformation en une possession d'argent ou de choses, de la solvabilité du débiteur et aussi de toutes les circonstances individuelles et collectives, de tous les événements quelconques qui modifient cette solvabilité. Il est solidaire de tout.

2° Il est temporaire et variable. La créance est destinée à s'éteindre (normalement par le paiement, le remboursement), ou à se modifier (ainsi par la conversion), et toujours à changer selon les ressources du débiteur et la foi qu'il inspire, à se modifier d'autant plus qu'elle s'exerce sur une entreprise plus incertaine et plus vaste, que son gage offre plus de prise au destin.

3° Tandis que la propriété a sa base solide dans le passé, dans une possession antérieure, la créance dépend de l'avenir; elle est économiquement un droit toujours éventuel.

Ainsi par elle est combattu l'esprit de tradition, qu'abritent les possessions anciennes: elle fait vivre dans un présent fluide qui est déjà du futur. Est-ce que je toucherai ? Est-ce que je posséderai ? Que sera demain ?

4° Elle dépasse les frontières de l'Etat que limite son territoire. La fortune en valeurs est aussi internationale que la propriété foncière est nationale.

---

(1) *Affirmation du droit collectif* (avec préface de Charles Andler), 1903, p. 15. Cf. *Rev. trim. de dr. civ.* 1903, p. 97. Cette définition, qui relie le droit à l'économie politique, est aujourd'hui classique; voyez César Bru, *Voies d'exécution*, 1909, p. 2. — Le concept valeur a pénétré dans la philosophie du droit: voir Bonucci, *L'orientazione psicologica dell' etica e della filosofia del diritto*, Pérouse, 1907.

5° Elle est, à la différence de la propriété, extrêmement divisible; elle est la forme la plus individuelle du droit. Plus son gage est étendu, plus elle peut être prodiguée.

Surtout, me plaçant au point de vue des règles juridiques, je répète que le domaine de la valeur est celui de l'influence. Le principe n'est plus ici qu'on ne peut pas nuire à autrui, qu'il y a une barrière entre le droit de l'un et le droit de l'autre. C'est exceptionnellement et indirectement que l'Etat protège la valeur contre les actes des tiers: ainsi, lorsqu'il y a accaparement (art. 419 du Code pénal, — et encore la jurisprudence ne connaît presque pas ce texte; notamment elle refuse de l'appliquer aux syndicats d'émission d'actions ou de titres quelconques); ainsi, lorsqu'il y a manœuvres frauduleuses pour opérer la hausse ou la baisse des prix des denrées ou marchandises, des papiers ou effets publics (même article, — et cette fois encore les tribunaux reculent; ils ne punissent pas quand les manœuvres concernent des actions ou obligations).

Même lorsqu'il s'agit de créances sur un débiteur déterminé, le sort du droit n'est pas seulement entre les mains du créancier ou du débiteur: en cas d'insolvabilité chaque créancier subit la loi du concours de tous et, si le débiteur est en faillite et qu'il y ait concordat, la décision de la majorité des créanciers et des créances, qui fait au failli remise de sa dette, s'impose à la minorité. C'est comme une assemblée d'actionnaires dont la majorité lie la minorité; ainsi les créances les plus individuelles ont déjà en elles quelque chose de collectif.

Ce que j'ai dit de la valeur considérée comme indépendante de toute possession, je pouvais le dire en principe de la valeur considérée comme une qualité des choses possédées. Au point de vue de la valeur, l'individu est un créancier de sa propre chose, est son propre créancier. Et sa créance subit la loi du marché qui est faite contre les faibles par les forts; même si sa terre n'est pas hypothéquée, le petit paysan n'a en propre qu'une apparence; il est à la merci des intempéries économiques comme des intempéries naturelles.

Toutes les valeurs qui s'ajoutent aux objets tels qu'ils sont donnés par la nature sont créées par l'activité humaine; toutes ces richesses sont l'œuvre du travail d'invention, de transformation, de déplacement. Mais, en régime de possession individuelle, lorsque les choses ont augmenté de valeur par le travail, elles continuent d'appartenir à ceux qui en étaient déjà possesseurs; et, dans les groupements capitalistes, sociétés anonymes, trusts, etc , les bénéfices nets vont aux porteurs de titres. Ces titres sont cotés selon les richesses probables que donnera l'entreprise; le titre a été émis en vue d'un travail, afin d'en permettre l'exécution; l'argent qui l'a payé est une avance, la manifestation du crédit, de la confiance que fait au travail futur la fortune acquise. Le prix de vente des richesses ainsi créées, expression des croyances qui se manifestent dans le jeu de l'offre et de la demande, dépendra particulièrement des besoins de la consommation, et ce prix pourra être forcé d'autant plus qu'il y aura davantage monopole au profit de particuliers. Ainsi le taux d'émission et de négociation des titres représente un espoir d'exploitation des hommes en tant que producteurs et en tant que consommateurs. La valeur de ces titres a pour base le travail et les croyances qu'il fait naître; le travail crée leur valeur, mais leur valeur n'appartient pas au travail.

C'est au moment, au moment seulement où la valeur apparaît sous forme de créances, où la possession ne l'a pas encore absorbée, où elle n'est pas encore devenue propriété, qu'elle peut être revendiquée par le travail; car, non seulement le travail ne rend pas propriétaire, mais la propriété qu'il crée fait s'évanouir sa puissance. Les traitements, les salaires sont payés: nous sommes quittes; c'est maintenant le tour des possesseurs, des banquiers, des entrepreneurs, c'est maintenant le tour de ceux qui ont « fait travailler leurs capitaux », c'est maintenant le tour du crédit: ce crédit, c'est du travail escompté.

Enfin, sur les valeurs, quelles qu'elles soient, l'Etat exerce un pouvoir tout différent de celui qu'il exerce sur les possessions. Il maintient, il trouble les possessions par la violence. Il les trouble avec ou sans indemnité. Indemnité est due, dans la pratique actuelle,

lorsque les possessions sont enlevées aux individus
pour cause d'utilité publique, lorsqu'il y a dommage
causé à la propriété par l'exécution de travaux publics, lorsque sont établies certaines servitudes d'utilité publique. Dans les autres cas d'atteinte légale aux
possessions, le législateur ne donne pas et ne peut pas
donner d'indemnité; sinon il lui serait impossible de
servir les intérêts de la collectivité et, par exemple,
de légiférer sur l'hygiène, la sécurité, la protection
des travailleurs, locataires, consommateurs, etc... On
n'a pas coutume d'admettre que l'Etat doit réparation, non aux victimes, mais aux coupables, quand
il se décide à punir des actes qui suppriment la santé,
la vie. On n'indemnise pas les gens simplement parce
que ce qui leur a été toléré devient une contraven-
tion, ou un délit, ou un crime (1).

Surtout, lorsqu'aucune atteinte n'est portée à la
possession, au droit d'user, de jouir, de disposer,
mais qu'il y a atteinte à la valeur, il n'est pas question
en principe d'indemnité: or, c'est un effet constant des
actes de l'Etat, de ses lois, lois douanières, fiscales,
lois d'exécution, etc., etc., de fortifier ou de déprimer
les entreprises, de créer ou d'anéantir les valeurs. Selon la sécurité qu'il offre, selon les garanties qu'il
fournit, selon le crédit qu'il apporte, c'est richesse,
ou médiocrité, ou misère; il peut vouloir être indiffé-
rent comme le destin, ou comme lui être favorable aux
forts (garanties d'intérêts aux grandes compagnies,
primes à la marine marchande, crédit aux coopérati-
ves agricoles, etc.). Il n'importe. En tout cas, la valeur
ne constitue jamais un droit acquis, ni en présence
des hommes, ni en face de l'Etat, dont l'intervention
produit ici, par d'autres moyens, les mêmes effets que
ceux que produit l'activité collective. Par rapport à la
valeur, l'expropriation se fait sans violence directe
et sans indemnité. L'Etat ne fait indemniser que lorsqu'il porte atteinte à un monopole légal (création d'of-
fices ministériels concurrents).

____

(1) Les résistances croissantes de la bourgeoisie à cet
égard seront exposées dans les _Annales de la régie directe._

III

Le Contrat et l'Obligation

Voilà les valeurs, les créances capitalistes, les droits créés par le travail. Et le travail ? Quel est son droit ?

Nous savons qu'il ne rend pas propriétaire. Un ouvrier est engagé chez un patron; il est, par son labeur, créancier de salaire; un autre acte, l'acte par lequel le patron remet de l'argent à l'ouvrier, rend celui-ci propriétaire;... si le patron paie l'ouvrier, s'il peut, s'il veut.

Mais le travail peut rendre créancier; c'est, pour le travail, la seule forme du droit. travail d'invention comme de transformation, travail intellectuel comme travail manuel; et ce qu'on nomme propriété scientifique, littéraire, artistique, n'est qu'une créance (1), créance limitée dans le temps et dans l'espace, ce n'est pas une propriété.

Le travail rend créancier; créance fragile: l'ouvrier est créancier s'il travaille, il n'est pas créancier s'il ne travaille pas, et il n'a pas droit au travail.

Mais voici que le travail devient un droit en devenant une valeur.

Comment ? Ici je bifurque et je pose la question concrète et classique suivante: La grève est-elle une cause de rupture ou de suspension du contrat de travail ? Mais qu'est-ce qu'un contrat ?

Le contrat, lorsqu'il sert de base à une créance, est une déclaration (par écrit, paroles, gestes), qui oblige,

Cette déclaration doit pouvoir être prouvée en justice: et la loi exige certaines formalités en l'absence desquelles le contrat ne peut pas être prouvé (contrat solennel, par exemple, donation, testament), ou ne peut être prouvé que par des rites en justice (ainsi par aveu du débiteur ou serment).

---

(1) Voyez : Thaller. *Rev. trimestr. de dr. civ..* 1903. p. 58 et sq. — *Même revue, Exercice du droit collectif,* p. 101.

La déclaration (1) est prouvée. Cela ne suffit pas, il faut qu'elle ait fait naître une croyance légitime.

Elle peut être nulle pour erreur, pour dol, pour violence, pour lésion (en droit français le contrat de travail, à la différence du contrat de vente d'immeubles ou de partage, n'est pas rescindable pour lésion). Elle doit être interprétée d'après l'usage, l'équité, « plutôt que d'après le sens littéral des termes » (art. 1135 et 1136 du Code civil). Elle ne doit pas être contraire aux bonnes mœurs, à la loi, à l'ordre public.

Le juge décide; il sait s'il y a erreur, dol, violence; il connaît les usages, l'équité, la loi, les mœurs et l'ordre public.

Ainsi le contrat est une déclaration qui oblige quand le juge décide qu'elle oblige. Il interprète, mais souverainement; il traduit, mais sans corrections.

Si la déclaration est régulièrement prouvée, il y a dette.

A une condition — et cette condition suffit à défaut de tout autre, — à condition que le créancier croie légitimement qu'il est créancier.

Exemples: J'ai traité avec un mineur: par des manœuvres frauduleuses, il m'a fait croire qu'il était majeur : je suis créancier (2). — J'ai acheté un bien à quelqu'un que je croyais propriétaire : nous savons déjà que je suis propriétaire; la jurisprudence me donne même la revendication non seulement quant aux meubles, mais quant aux immeubles, contre le véritable héritier, si le bien m'a été vendu par un héritier apparent, par quelqu'un qu'on croyait héritier.— J'ai acquis un titre négociable qui était nul pour cer-

---

(1) V. Huvelin, *Magie et droit individuel, Année Sociologique*, 1907, p. 41.

Responsabilité et contrat, 1899, chapitre IV (Contrat et confiance trompée), p. 28 et sq.

(2) Sur les contrats valables avec une Société commerciale inexistante, voir Code de Commerce italien a. 99, al. 3, sanctionnant une pratique connue « L'absence de formalités ne pourra être opposée aux tiers par les associés ». — Sur les hypothèques consenties par une congrégation inexistante d'après la loi sur les Associations, voir p. ex. Morin, *Ann. des Facultés d'Aix*, II, 1906, fasc. I.

tains vices, ainsi parce que le bénéficiaire primitif
avait extorqué la signature du débiteur en lui faisant
croire qu'il avait un compte à solder: celui qui m'a
négocié le titre n'était pas en réalité créancier; son
débiteur lui aurait opposé l'exception de dol; mais
moi, qui crois être créancier, je suis créancier (1) :
foi est due au titre. J'ai acquis une créance qui n'ap-
partenait pas à celui qui me l'a transmise: les créances ne se transmettent pas plus que les propriétés;
il y a à chaque transmission nouvelle créance (2).

Le contrat est donc une déclaration qui oblige au
profit de celui qui a une confiance légitime, au profit
de celui auquel le juge prête cette confiance, au profit
de celui que le juge décide être un créancier.

Quelle est cette obligation, quelle est cette dette ?
Dans les groupes humains primitifs, où le créancier
pouvait s'emparer du débiteur si le débiteur n'exécu-
tait pas, se le faire attribuer en propriété, où le contrat était un engagement par lequel les garants se
promettaient eux-mêmes si le débiteur ne se libé-
rait, c'était la personne physique qui était obligée,
l'être en chair et en os. Mais, à mesure que se développe le régime de la propriété individuelle, le débiteur engage, au lieu de sa personne, ses biens (3),
(meubles, fruits des immeubles, immeubles eux-mêmes). Puis le commerce fait considérer les biens sous
l'aspect de leur valeur, sous l'aspect de l'argent; le
créancier n'a plus un droit sur les choses, mais sur
leur prix (4) (par exemple prix de vente par adjudication sur saisie).

Tel est le droit commun d'aujourd'hui: le débiteur
est obligé sur la valeur de ses biens, sur son patrimoine; son actif répond de son passif. D'abord
l'homme, puis les biens, puis leur valeur: obligation

---

(1) V. Thaller, *Droit commercial*, nos 1468 et sq.

(2) V. *Responsabilité et contrat*, p. 28; *Preuve par titre*,
p. 107; Thaller, *Annales de dr. comm.*, 1906, p. 111.

(3) Bibliographie dans Brissaud, *Manuel d'histoire du
droit français*, p. 1462, 1483 et sq.

(4) *Affirmation...*, p. 5. Cf. Simmel, *Philosophie des
Geldes*, Leipzig, 1907, p. 207 et sq.

toujours moins pesante. Le principe de valeur rend à la fois plus dépendant et plus libre.

Mais la marche libératrice continue.

Voici la croissance des sociétés de capitaux. Je prends une action dans une société anonyme; je l'ai payée 500 francs; la société prospère, mon action vaut 1,000 francs; la société fait faillite, doit 100,000 francs: je ne dois rien, c'est la société qui doit, mon patrimoine est à l'abri. Aux dettes des capitalistes se substituent les dettes des personnes morales capitalistes; le capitaliste reste créancier, mais il n'est plus débiteur.

J'ai toute ma fortune en actions industrielles; les actions sont bonnes: je suis créancier les actions tombent à zéro: mon papier qui n'est rien ne doit rien. Le papier est créancier quand il vaut; le papier n'est pas débiteur quand il ne vaut pas.

La marche libératrice est à son terme.

Mais l'ouvrier? Il a un salaire s'il travaille. S'il ne travaille pas, il n'a pas de salaire. Donnant, donnant. Le cheval travaille, on le nourrit; il ne travaille pas, on ne le nourrit pas; si, on nourrit le cheval...

L'ouvrier a, en fait, son corps comme gage de son obligation de travailler; sur lui la saisie de la personne continue, saisie préventive (et, ainsi, ce que j'ai montré dans l'histoire je pouvais le décrire dans le présent).

Mais la libération s'annonce.

IV

La Grève et le Contrat collectif

Les ouvriers ont quitté l'usine; violation collective de chaque contrat de travail, de chaque contrat qui engage la force productrice de l'homme.

Y a-t-il suspension ou rupture ?

En tout cas, ce n'est pas seulement l'exécution du contrat, c'est le contrat lui-même qui est suspendu, car la grève se termine, si le travail est repris, par une convention collective ou un arbitrage qui fixent des conditions nouvelles (supérieures, inférieures ou semblables aux anciennes). Elle ne se termine pas, — comme elle le ferait, en principe, s'il y avait simple suspension d'exécution de contrats toujours valables, — par un jugement décidant que les ouvriers reprendront le travail aux conditions antérieures. La grève ne respecte pas les droits acquis, elle les viole, elle affirme qu'il n'y avait pas de droits acquis; elle annule, elle anéantit les contrats individuels, elle vaut purge. On ne rompt pas, on ne suspend pas des contrats qui n'existent plus. C'est nier le droit de grève que d'admettre que ses conséquences seront celles du droit individualiste. La question est mal posée. Il faut apprécier la grève en elle-même, voir si telle grève est une violation juste ou injuste du rapport ancien.

a) Grève juste (et cela dépend du juge): les ouvriers sont quittes. Grève injuste (et cela dépend du juge): ils devront réparation; ceux qui l'ont voulue, provoquée, non point ceux qui l'ont subie et pour qui elle est un cas de force majeure; ceux qui l'ont voulue, il faudra les condamner à réparer tout le préjudice, à payer des sommes souvent très supérieures aux salaires de toute leur vie; excellente leçon de choses sur les bénéfices produits par le travail. On ne le fait pas; on condamne à des sommes moindres; ce ne sont plus des dommages-intérêts, ce sont des amendes pénales privées sans texte; c'est illégal, c'est un retour hypocrite au droit antérieur à la loi de 1884.

b) Le patron aura-t-il le droit, après la grève, de ne pas reprendre les ouvriers, de les remplacer, de les congédier sans indemnité ? Il s'agit d'apprécier le traité de paix qui suit la grève. Or, il ne sera pas exécuté de bonne foi, il ne sera qu'une duperie, si le patron ne reprend pas tous ceux que la convention elle-même n'aura pas expressément exclus. Et, quant à ceux qui sont exclus, il y aura lieu d'apprécier s'ils ne devaient pas compter être réengagés comme les autres, si leur confiance légitime n'a pas été trompée, s'ils n'ont pas droit à réparation. Si la grève se termine sans traité formel par la défaite pure et simple des ouvriers, les mêmes règles d'application devront guider le juge; il n'a pas à connaître le *Væ victs*, le *Malheur aux vaincus*.

c) Et, enfin, les ouvriers devront-ils indemnité pour déclaration brusque de la grève, pour inobservation du délai-congé ? Mais les ouvriers ont-ils coutume de faire grève avec prévenance ? et le peuvent-ils ? Il est certain, et tout le monde sait, que ce n'est pas l'usage, que ce n'est pas possible. Sauf d'ailleurs à voir, selon les circonstances, si le patron n'avait pas les meilleures raisons de croire — étant donné par exemple des promesses librement faites à la suite d'avantages consentis, augmentation de salaires, participation aux bénéfices, etc., — que son usine ne chômerait pas.

Croyances créées, croyances trompées, croyances créées par les contrats, croyances créées par la grève, justice, injustice. Ici encore nous voyons qu'il n'y a pas de principes. On a parlé de suspension dans l'intérêt des ouvriers, de rupture contre eux. Mais les textes du Code civil sur la suspension ou la rupture ne font que renvoyer le juge à l'appréciation des usages, de l'équité, des croyances; ils ne tranchent rien. Rupture injuste: réparation. Suspension injuste: réparation. Et il est plus grave de suspendre l'exécution d'un contrat qu'on devait exécuter que de rompre l'exécution d'un contrat qu'on ne devait pas exécuter.

La seule différence apparente est une différence de procédure; au cas de rupture, le renvoi se fait sans

jugement; au cas de suspension, la résiliation suppose
un jugement. Mais, précisément, si l'ouvrier se plaint
d'être congédié injustement, il ira en justice; et, alors,
il y aura tout de même un jugement, et le patron en
sera quitte pour demander alors la résiliation. Et,
ainsi, tout ce que j'ai dit en repoussant à la fois le
système de la rupture et celui de la suspension, je
pouvais le dire en adoptant l'un ou l'autre. Choc bru-
tal de principes ? Querelle de mots. Ce qui compte,
c'est l'appréciation du juge, ce sont les croyances
qu'on lui inspire, qu'il a, et son véritable « attendu »
n'est pas dans les motifs, mais dans le dispositif (1).

Il s'agit de forces en lutte, et c'est cela qu'il faut
voir. Dans cet esprit j'étudie maintenant la forme
nouvelle que prend le contrat dans la convention
collective de travail.

C'est la grève qui d'abord la crée. Elle est le traité
qui la termine.

Un délégué des ouvriers, une personne quelconque,
un syndicat, ont contracté avec le patron: tant d'heu-
res, tel salaire. Pour que le contrat soit vraiment
exécuté par le patron, il faut qu'il concerne tous les
ouvriers: sinon, il n'y a pas de contrat collectif;
sinon, le contrat collectif n'est pas même res-
pecté comme contrat individuel ; sinon, il n'y a
qu'un projet, un modèle, un type — qu'on respectera
ou qu'on ne respectera pas — de contrats individuels
successifs. Ce peut être un contrat d'équipe; ce peut
être un contrat qui s'applique, si le patron les em-
bauche, à ceux qui l'ont signé et à ceux qui ont
mandaté, peut-être à tous les syndiqués: mais il suf-
fira alors au patron de ne pas engager ceux-là, d'engager seulement les autres, ou, même si le contrat
est à durée déterminée, de congédier ceux-là pour
engager ceux-ci (car le contrat collectif peut être
à durée déterminée, tandis que les contrats individuels seront à durée indéterminée). Et le contrat

____

(1) V. sur les doctrines admises, Pic, *Traité élémentaire
de législation industrielle*, n° 323 et sq.— Cf. *Vie Socialiste*
(20 mars 1905, p. 602). — M. G. Sorel a fortement dégagé
que la grève crée une psychologie ouvrière nouvelle (*Scien-
ce sociale*, novembre 1900, p. 435).

ne sera pas valable non plus comme contrat syndical s'il ne concerne que des syndiqués, — qu'il leur donne un droit ferme, ou qu'il ne soit qu'un projet, — car le syndicat n'a qualité que pour défendre les intérêts généraux de la profession; il n'a pas qualité comme tel pour défendre les intérêts personnels, égoïstes de tels ouvriers syndiqués contre tels autres non syndiqués.

En tout cas, ce n'est pas la bonne foi. Donc, quoi qu'on veuille, il faut que le contrat soit considéré comme concernant tout le monde, syndiqués et non syndiqués, présents et futurs (1).

Et, maintenant, je suppose une nouvelle grève; le contrat collectif est violé par les ouvriers. Nous savons que le droit ne se manifeste que le jour où la situation de fait à laquelle il correspond disparaît; et c'est à ce moment que les juristes l'étudient. Donc il y a grève. On dit : il y a eu contrat, il y a eu déclaration qui oblige, qui soumet au rapport d'Etat, à l'autorité; ce contrat doit être sanctionné.

Mais qui poursuivra-t-on ? On poursuivra le syndicat. — Mais le syndicat n'a rien, c'est un syndicat selon l'esprit de la loi de 1884. — On changera la loi, on le rendra capitaliste. — Mais il ne veut pas. — Il voudra. — Soit, il y aura des syndicats à double face, syndicats capitalistes de défense (caisses de retraites, grève, chômage, maladies, etc.), syndicats non capitalistes de contrat, de lutte (2). — Mais on ne contractera qu'avec le syndicat capitaliste. — Soit, mais un autre syndicat décrétera, imposera la grève, mais le premier syndicat aura été dissous, mais la grève sera décidée non par le syndicat mais par la corporation, mais on fera voter la grève par la majorité à bulletins

---

(1) V. sur le contrat collectif analysé comme distinct et différent du contrat individuel du travail, arrêt de la Cour de Lyon du 10 mars 1908, et dissertation très forte de M. Jean Appleton, dans les *Questions pratiques de législation ouvrière* (Mai 1908).

(2) La pratique capitaliste connaît bien les personnes morales protéiformes; le législateur aussi : voyez p. ex. la loi du 5 novembre 1894 relative à la création de Sociétés de crédit agricole, art. I.

secrets. Mais... Et que faire contre cela ? On comprend que le capitaliste engage dans une entreprise un capital. Mais comment obliger à avoir un patrimoine, qui ne serait qu'un gage pour le patron, la collectivité qui, déjà, vend son travail ? Nous avons vu que le développement des Sociétés industrielles limite l'obligation capitaliste. Le développement des syndicats devrait-il avoir l'effet contraire d'ajouter à l'obligation des ouvriers de travailler pour toucher un salaire celle de payer quand ils n'en touchent pas, de transformer leur caisse de grève en une assurance patronale contre la grève ? Tant que les collectivités ouvrières ne participeront pas au capital de l'entreprise, il sera impossible d'organiser leur responsabilité pécuniaire en cas de grève. Même en Angleterre, et malgré la fortune de certaines Trades-Unions, leur personnalité incomplète fait que leur patrimoine n'offre pas une garantie directe de l'exécution de leurs contrats collectifs, et on ne pourrait sans doute pas citer un cas où les patrons aient traduit une Trade-Union en justice en raison de l'inexécution de son contrat collectif (1).

Historiquement, c'est par l'insertion dans les contrats de clauses engageant les biens du débiteur qu'on a abouti à l'exécution sur le patrimoine. Il n'est pas à présumer que de pareilles clauses soient sous-entendues dans des contrats conclus par des collectivités ouvrières. Et, le seraient-elles, que ces collectivités pourraient toujours les rendre inefficaces.

Si l'on veut une sanction, il faut remonter au droit barbare, à la saisie du débiteur; or, on n'emprisonne pas une collectivité, on n'emprisonne pas une personne morale. Alors on prendra au hasard ceux qu'on appelle les meneurs. On n'osera pas. La bourgeoisie a mis au musée du droit cette arme archaïque de la saisie du débiteur, elle l'a laissée se rouiller; elle ne l'utilise pas, même sous la forme atténuée de la contrainte par corps, contre les capitalistes insolvables.

Non, le contrat collectif ne crée contre le syndicat aucune dette que le droit capitaliste puisse sanction-

____

(1) V. Jay, notamment dans le *Bulletin de la Société d'études législatives*, 1907, n° 5, p. 136.

ner. C'est ainsi et on n'y peut rien. Contre le syndicat la situation est la même après qu'avant le contrat collectif; mais, déjà avant la grève, il y avait un niveau de salaires, le travail étant une marchandise qui se vend sur le marché; avant la grève, il y avait donc, au fond, contrat collectif (la grève affirme ce contrat en même temps qu'elle le viole); mais décider que sa seule violation sera punie, c'est admettre que le contrat collectif, conséquence de la grève, supprime le droit de grève, que les ouvriers y ont renoncé, qu'ils peuvent faire grève une fois, mais pas deux fois; ce serait absurde, et tous les juristes diront qu'une telle renonciation serait contraire à l'ordre public. Il est vrai seulement que le contrat collectif formel après la grève, comme le contrat collectif tacite avant la grève, pourra justifier des poursuites civiles, s'il y a eu abus (1), s'il y a eu confiance légitime trompée. Ce qui est important dans la grève et dans le contrat collectif, c'est la psychologie qu'ils créent : dorénavant ce ne sont plus les ouvriers qui, individuellement, s'engagent; c'est du travail qui est offert, travail considéré comme une valeur, comme un droit, comme une créance sur le capital.

---

(1) V. Josserand, *De l'abus des droits*, p. 26 et sq.

V

La Créance du Travail

Le Syndicat et l'État

Travail offert par qui ? Disons : par le syndicat. Mais qu'est-ce que le syndicat ? J'ai parlé de personne morale : ce n'est qu'une façon de parler. La personnalité morale est une fiction par laquelle une masse de biens est mise en dehors du régime de la propriété individuelle, pour être attribuée à une collectivité, congrégation, société civile, commerciale, etc. Ces biens sont administrés par des individus qui n'en sont pas propriétaires; la notion de droit est ici remplacée par celle de pouvoir, de fonction. Dans une Société anonyme, par exemple, le capital social est à la disposition des administrateurs, des assemblées d'actionnaires; le principe que les actes des individus sont sans effet sur les droits des autres disparaît dans les limites fixées par les statuts et par la loi. La fiction de personnalité est commode pour rattacher au droit individualiste, dans lequel il est une anomalie, une anticipation, le collectivisme capitaliste, le collectivisme au profit des capitalistes et de leurs auxiliaires immédiats (parts de fondateurs). La fiction est comme un aveu. Grâce à ce collectivisme, la productivité des capitaux est augmentée en même temps qu'est supprimée la responsabilité des capitalistes.

Mais la fiction de la personnalité est inutile ailleurs. Dans le régime des valeurs, comme l'influence se produit par le seul jeu de l'économie, la fiction doit s'évanouir; elle n'a de raison d'être que là où à des possessions individuelles sont substituées des possessions collectives. Or, il ne s'agit pas du tout de cela quand on est en présence du syndicat considéré comme organe de contrat, de lutte; comme tel il est, ni plus ni moins, la mise en œuvre du droit d'association au profit des intérêts professionnels.

Le principe de l'association lui suffit et ce principe est plus fort que la fiction de personne morale. Car les personnes morales ont une personnalité bien nette qui se limite aux biens qui les constituent; le contrat collectif fait par le syndicat a une portée tout autre: son rayon se projette directement sur tous, syndiqués et non syndiqués, présents et futurs. C'est la profession, c'est le travail qui a le droit de contracter, d'agir, la profession dont le syndicat n'est que l'expression, expression variable, mobile, changeante: syndicat tantôt puissant, tantôt faible; il se forme, il se transforme, il se dissout, il se divise. *Il n'existe pas*. Le syndicat, c'est le travail, représenté par ceux qui prennent la décision d'agir en son nom.

Ainsi, à mesure que la valeur absorbe la possession, la fiction de personne morale disparaît, ou, encore, la collectivité, qui est déjà une personne morale au sens plein du terme, devient une personne morale juridique et par là elle devient davantage une personne morale humaine; la personnalité n'est plus une anomalie, mais le droit commun; et la fiction peut tomber.

Ramassons notre butin :

1° La grève viole le droit acquis, elle affirme qu'il n'y a pas de droits acquis. Elle ne se termine pas par un jugement qui décide: les ouvriers ont promis de travailler pour tant, ils doivent travailler pour tant. Les ouvriers avaient promis ou ils n'avaient pas promis; il n'importe, la grève ne connaît pas le passé.

2° Elle aboutit à un arbitrage, ou à un contrat.

3° Le contrat fait loi pour tous. Il a pour objet le travail, il concerne tous les travailleurs; abandon complet du principe individualiste que les individus ne peuvent pas donner ou enlever des droits aux autres, principe auquel la notion de personne morale n'apporte qu'une exception limitée; abandon du principe de non-influence.

Nous sommes dans le domaine des valeurs. *Le travail est devenu une valeur; la collectivité ouvrière croit en elle-même, elle crée sa vérité pratique.*

4° Sa croyance ne s'affirme pas directement. (Elle peut s'affirmer directement dans une coopérative de production, où les hommes, administrateurs, ingénieurs, ouvriers, manœuvres, marchent sans capitaux personnels, et simplement par la foi qu'ils ont, par le crédit qu'ils inspirent). Elle s'affirme contre le capital, comme créance sur le capital. Créance qui se manifeste par le travail et par le refus de travail, en s'exerçant ou en ne s'exerçant pas, en créant ou en ne créant pas les richesses sur quoi elle porte, qui, ainsi, à la limite, peut faire tomber à zéro la croyance des capitalistes, ceux-ci s'expropriant alors sans indemnité.

5° Créance du travail, sans créance du capital: car le travail est insaisissable. Le contrat ne lie pas le travail, il le délie; il ne doit plus être défini la déclaration qui soumet à l'autorité, à l'Etat, mais la déclaration qui libère. C'est une charte d'affranchissement. Il y a expropriation du capital, émancipation du travail.

Ainsi : 1° Le contrat, acte individualiste, remplace la loi, acte collectif.

2° Le travail échappe à la justice d'Etat; dorénavant la force, la croyance ouvrières sont en conflit direct avec la force, la croyance capitalistes.

Se libérant de la justice, le travail se libère de la violence. Triomphe de la force contre la violence. Et seuls des actes de violence feront de nouveau entrer dans le rapport violent d'Etat.

Créance du travail, mais créance collective, non créance individuelle. L'ouvrier n'a pas un droit au travail: l'organisation professionnelle, par sa puissance, lui permettra de s'embaucher comme elle le fera exclure.

L'homme dépend des croyances de son groupe: tyrannie du groupe: le groupe adopte, il exclut. Tyrannie que corrigent la multiplicité des groupements et le développement, dans la société politique et dans la société économique, de croyances communes supérieures aux groupes. L'Etat, dans son rôle d'arbitre tentant d'exercer son prestige sur les collectivités ouvrières, se purge de la violence (comparez la lutte entre l'Etat et l'Eglise dépouillée de sa fortune saisissable).

L'homme dépend des croyances sociales : le droit individuel disparaît; l'ouvrier n'acquiert pas un droit mais une fonction, fonction qu'il conserve ou qu'il perd; en d'autres termes il y a fusion des sanctions civiles, pénales et disciplinaires.

Mêmes phénomènes, mais grossis, dans le prolétariat d'Etat: substitution directe du contrat à la loi, créance du travail contre l'Etat, créancier lui-même du capital. L'homme fonctionnaire du groupe professionnel, et les groupements d'Etat ainsi le transforment, en même temps que la force acquise de l'Etat limite leur puissance. Par là se réalise la division des pouvoirs, qui n'est qu'artificielle en régime démocratique (étant donné la dépendance en droit ou en fait du judiciaire, de l'exécutif, du législatif).

Et cette puissance des groupements, contre l'Etat, dans l'Etat, grandit d'autant plus que l'Etat, se faisant industriel, acquérant des monopoles, devient davantage capitaliste; capitaliste, il est débiteur du travail — le capital d'Etat ainsi que le capital individuel étant le passif, tandis que le travail est l'actif. — Ainsi il est soumis au droit, il entre dans l'obligation pécuniaire à mesure que l'individu lui-même en sort.

Donc l'Etat se développe jusqu'à s'anéantir, comme les autres institutions que nous avons rencontrées; l'épanouissement de leur principe les tue.

L'Assurance

Par une autre voie, l'influence réciproque des hommes dans le régime des valeurs protège la vie et le travail. Je veux parler des assurances.

Assurances contre les accidents, la maladie, le chômage, assurances contre la vieillesse, assurances... toutes se moquent, se servent du destin. Par elles — par la loi des grands nombres, par les calculs de probabilité sur quoi elles s'appuient — les chances mauvaises et les chances heureuses des uns deviennent favorables aux autres. Un patrimoine collectif se forme que nourrissent les versements faits par ceux qui s'assurent et dont sont créanciers directs, selon les cas. les assurés que le sort frappe ou ceux qu'il protège.

L'assurance contre le risque supprime le principe même de la responsabilité civile: il n'est plus question que de préjudice (1); on ne parle plus de justice, de confiance légitime trompée; l'assuré est garanti même contre les suites de sa propre imprudence.

L'assurance crée le droit à la vie et, indirectement, protège la créance du travail.

La caisse de grève rend les ouvriers plus forts pour défendre cette créance et l'augmenter; les caisses de chômage et de retraite diminuent le nombre de ceux dont la faim fait baisser les salaires de tous.

Ainsi les sécurités les plus grandes se trouvent dans les créances les plus lointaines, les plus conditionnelles, dans les contrats les plus aléatoires. L'homme met sa croyance dans l'avenir : contraste avec le régime de la possession.

Même, par l'assurance. s'est créé un certain droit au travail. L'article 1780 du Code Civil, qui décide que le louage de service fait sans détermination de durée peut toujours cesser par la volonté d'une des parties contractantes. et qui a été modifié, par une loi du 27 décembre 1890. contient ceci : « La résiliation du contrat par la volonté d'un seul des contractants peut donner lieu à des dommages-intérêts. Pour la fixation de l'indemnité à allouer, le cas échéant. il est tenu compte des usages. de la nature des services engagés, du temps écoulé. des retenues opérées et des versements effectués en vue d'une pension de retraites, et. en général. de toutes les circonstances qui peuvent justifier l'existence et déterminer l'étendue du préjudice causé. »

Or. cette modification fut faite dans les circonstances que voici. Les employés de chemins de fer qui avaient une retraite se plaignaient de renvois brusques. sans motif sérieux. dont ils souffraient plus que les autres, perdant leurs droits à la retraite; ils adres-

____

(1) Cf. Aillet. « La responsabilité objective » (*Revue de métaphysique et de morale*, 1906 et 1907. notamment 1907, p. 41 et sq.).

sèrent des pétitions aux Chambres et ces pétitions aboutirent à notre loi. Le droit futur à la retraite avait fortifié le germe d'un droit présent et provisoire au travail.

J'ajoute que notre jurisprudence a organisé l'assurance capitaliste sur la vie d'une manière telle que la créance d'indemnité est particulièrement solide lorsque l'assurance est souscrite, lorsque les primes sont versées au profit d'un tiers. Notamment : si le signataire de la police tombe en faillite, la créance contre la Compagnie ne figure pas dans l'actif de la faillite, elle appartient au tiers. On ne connaît plus que celui qui touche; il y a créance sur un patrimoine collectif. Tant pis pour les créanciers du failli; tant mieux pour l'être à la sécurité de qui il a songé.

(D'une manière générale, l'assurance est un des procédés qui permettent le mieux de passer à travers les mailles de nos lois, particulièrement de nos lois sur les successions Plus le capital s'éloigne de la forme propriété et surtout de la forme propriété immobilière, plus il devient créance mobile (ainsi les titres au porteur), moins les lois civiles et fiscales ont prise sur lui).

Donc la situation faite par le droit bourgeois au bénéficiaire d'une assurance contractée par un autre ne lui permet guère de dire au droit ouvrier : « il est plus moral de s'assurer que de se faire assurer; c'est au travailleur, ce n'est pas au patron à verser. Travailleur, paye ta retraite ».

Conclusion

Voilà un chemin plus facile, moins pittoresque que ceux parcourus avant. Mais il ne faut pas suivre toujours la même route.

Si des historiens lisent cela, certains diront : Ces descriptions en termes de droit des rapports économiques actuels, cette tentative d'animer le droit par l'économie, de préciser l'économie par le droit, nous ramènent aux origines. Occupation, violence, religion, rites (1), arbitrage, fusion des sanctions... Soit ; ce sont bien des origines. Mais je veux aussi que ces descriptions mettent de la clarté au milieu des luttes par l'emploi d'une langue qui exprime des sentiments simples et communs et qu'elles chassent quelques fantômes en montrant que, vidée de ces sentiments, la terminologie juridique ne peut être, comme tant d'autres terminologies religieuses, politiques (2), que logomachie de domination, masque d'habitudes, politesse de la force ou drapeau de parti, d'école.

Il n'y a, en droit, que des pratiques, par rapport auxquelles les principes ne sont que des étiquettes plus ou moins exactes. L'art des juristes consiste à mettre les mêmes étiquettes sur les pratiques successives, à insuffler aux vieux mots une vie nouvelle : ainsi ils agissent sur l'esprit du juge accoutumé à un certain langage, ainsi ils font la croyance du juge.

---

(1) M. Huvelin — qui sait ce qu'il dit — l'a déjà écrit dans *Magie et droit individuel*, p. 42 : « M. Lévy, qui arrive à la même conclusion par des voies différentes... »

(2) Sur la vanité des querelles entre individualistes et socialistes, voir ma lettre à la *Revue Socialiste*, mars 1906, p. 321. et. surtout. Huvelin : « Individualisme et socialisme » (extrait de la *Revue de synthèse historique*, 1908.

On dit alors qu'on explique, qu'on justifie, comme quand on appuie ses décisions sur un texte de loi. Les étiquettes restent, les institutions changent.

On assouplit les formules par l'intention présumée du législateur, par des présomptions de volonté indi- viduelle. — ce qui n'est que façons de faire entrer les croyances dans les cadres juridiques, — par des fic- tions.

Puis, à de certaines périodes, les pratiques protec- trices des droits dénoncent les principes sur quoi ils s'appuient (1), la justice les dissout, l'économie les chasse; alors apparaissent à nu les croyances des pos- sédants, de l'Etat, et, dans la pénombre, la foi des hommes en eux-mêmes.

J'ai voulu saisir directement les croyances et les exprimer dans un langage qui livre à la transforma- tion sociale la puissance de la tradition.

---

(1) V. plus haut, p. 6, note 2.

L'EMANCIPATRICE, 3, RUE DE PONDICHÉRY, PARIS (XV°) — 6493-0-09.

LES CAHIERS DU SOCIALISTE

Les Cahiers du Socialiste sont publiés par un groupement de socialistes qui voudrait étudier dans un esprit positif les questions intéressant la propagande ou l'action socialistes.

Les Cahiers du Socialiste forment une série de brochures, à la fois accessibles à tous et sérieusement documentées.

Adresser les commandes à la Librairie du Parti Socialiste, 16, rue de la Corderie, Paris.

La brochure : **15** *centimes ; franco :* **20** *centimes*
Le cent, franco : **10** *francs.*

N° 1. — Louis GARNIER. *Le Socialisme municipal. La leçon de l'étranger.*

N° 2. — A. BIANCONI. *L'Assistance et les Communes.*

N° 3. — M. HALBWACHS. *La Politique foncière des Municipalités.*

N° 4. — Albert THOMAS. *Espaces libres et Fortifications.*

N° 5. — Henri SÉRAN. *La Suppression des Octrois.*

N° 6 — Albert TANGER. *Vers la Régie directe.*

N° 7. — H. LÉVY-BRUHL et A. PRUDHOMME. *L'Organisation économique de la Commune.*

N° 8. — Emmanuel LÉVY. *Capital et Travail.*

LES CAHIERS DU SOCIALISTE
338, Rue Saint-Honoré